Coffee
(Qahva)

Davlatnazarov Davlatnazar

© Davlatnazarov Davlatnazar
Coffee *(Qahva)*
by: Davlatnazarov Davlatnazar
Edition: June '2024
Publisher:
Taemeer Publications LLC (Michigan, USA / Hyderabad, India)

ISBN 978-93-5872-234-5

© **Davlatnazarov Davlatnazar**

Book	:	Coffee *(Qahva)*
Author	:	Davlatnazarov Davlatnazar
Language	:	Bi Lingual (Uzbek / English)
Publisher	:	Taemeer Publications
Year	:	'2024
Pages	:	60
Title Design	:	*Taemeer Web Design*

"Qahva"

Qahva shunday ichimlikki, uning tami sizga hamroh bo'layotgan insonga qarab o'zgarishi mumkin. Qahva ichish bu choy ichishdek emas. Sababi choyni ko'proq yaqin insonlaringiz, oila azolaringiz bilan shirin diydor yoki ovqatlanish davrasida iste'moq qilasiz. U paytda dildan suhbat quramiz va hech qanday sabablarsiz yig'ilamiz. Bu gaplar bilan qahva ustidagi suhbatni yomon demoqchi emasman. Shunchaki, qahva ustidagi suhbatlar ko'proq rasmiy uchrashuvlar yoki ish yuzasidan ko'rishishlar bo'lishi mumkin. Aksariyat vaqtlarda maishiy suhbatlar ham qahva ustida yaxshi bo'ladi. Mening o'zimda ham bir kuni shunday voqea bolgan edi. Kunlarning birida do'stim (qiz bola) bilan ish yuzasidan suhbatlashishimiz kerak edi va men uni qahvaga taklif qildim. Biz qahvaxonaga kirib 3-stolga joylashdik. Men borib ikkita qahva buyurtma qildim. Birozdan keyin, suhbat endi qiziganida, qahvamiz keldi va yonida kutilmagan narsa ham qo'shilib yuborilibdi. U narsa yurak shaklidagi sham ekan. Biz ikkalamiz ham hayron bo'ldik va bir-birimizga qarar edik. Oraga biroz sukunat kirdi va birozdan keyin xuddi u narsa sodir bo'lmagandek suhbatni kelgan joyidan davom qildirdik. Men unday holat bo'ladi deb hech o'ylamagandim. Qahva bilan ko'plab kutilmagan holatlar sodir bo'ladi, menimcha. Bunday holatlarga misol qilib yuqoridagi vaziyatni yoki bilmasdan qahvani to'kib yuborilishini yo bo'lmasa qahvaga ko'proq shakar solib yuborilishini misol qilsa boladi. Men qahva ichishni yaxshi ko'raman va menga bu borada eng ko'p sherik bo'lgan bu inson buvamlar bo'ladi. Men ular bilan ko'p qahva ichib suhbatlarini olganman. Buvam bilan suhbat qurish mazzada, chunki ko'plab maslahatlar beradilar, yo'l-yo'riqlar ko'rsatadilar. Ular har doim qahvaga shakar solmasdan ichadilar, chunki "Qandli diabet" kasalligi bilan kasallanganlar. Men esa shakarni meyoridan sal ko'proq qilib ichaman. Qahva uyquni qochiradi deyishadi. Lekin menda uyquni emas, balki ko'proq tushkun kayfiyatda bo'lsa, shuni tarqatib yuboradi, kayfiyatimni ko'tarilishiga sabab bo'ladi. Shuning uchun qahva ichishni yaxshi ko'raman. Agar qahva ichishda menga hamroh bo'lishni istasangiz, bajonidil sizni qahvaga taklif qilardim. Qahva ustida ko'rishguncha xayr.

"Coffee"

Coffee is a beverage that can change the person you're sharing it with. Drinking coffee is not like drinking tea. You enjoy tea in sweet gatherings or feasts with your loved ones, closer than anyone else, your family. We open our hearts and gather without any specific reason during tea time. I'm not saying that conversations over coffee are bad. On the contrary, conversations over coffee can lead to more formal meetings or business opportunities. Most of the time, casual conversations are also good over coffee. I had such an experience myself one day. One day, I needed to have a conversation with my friend (a girl) about work, so I suggested meeting for coffee. We went to a coffee shop and sat at table 3. I ordered two coffees. After a while, as the conversation was getting interesting, our coffee arrived, and something unexpected was added to it. It was a heart-shaped foam. We were both surprised and laughed about it, and we decided to continue our conversation from where we left off. I never thought such a thing would happen. Unexpected situations happen with coffee, in my opinion. As an example of such situations, if the above situation does not happen or if the coffee is not served unknowingly, more sugar could be added to the coffee. I like drinking coffee, and for me, this person, who has been my frequent companion in these moments, is precious. I have had many coffee conversations with them. Conversing with them is enjoyable because they give a lot of advice and show directions. They always drink coffee without sugar because they have been diagnosed with "diabetes." Whereas, I add more sugar from

"Navroʻz"

Navroʻz bahorning ilk bayramlaridan biri hamda fors va turklar uchun yangi yilning birinchi kuni hisoblangan. Navroʻz soʻzi fors tilidan kirib kelgan boʻlib, yangi kun degan maʼnoni anglatadi. Markaziy Osida va Eronda Navroʻz bayrami odatda 21-martda nishonlanadi. Navroʻz oʻzi shimoliy yarimsharda bahorning boshlanishi sifatida qaraladi va kecha-kunduz tenglashgan kundan boshlanadi. Baʼzi elatlar bahorning kelishini tabiyatning uygonishi bilan bogʻlaydilar va yangi yilning boshlanishiday bayram qiladilar. Bizda ham Navroʻz bayrami koʻplab yillardan beri nishonlanib kelinadi va unda turli oʻyinlar, raqslar, aytishishlar va eng asosiysi sumalak qilinadi. Bahor kelishi bilan atrofga yashillik yugura boshlaydi. Bilamizki, bahorda eng koʻp qilinadigan koʻksomsa, koʻkmanti, koʻkbarak kabi ovqatlar va ismoloqli ovqatlar barcha dasturxonlarni egallab oladi. Navroʻzda eng koʻzga tashnadigan ish bu sumakal pishirishdir. Uni pishirish jarayonida niyatlar qilib aralashtirish, sumalakka solgani toshlar yigʻib kelishlar juda maroqli bolar edi. Keksa buvilarimiz sumalakni yetarlicha qaynagandan keyin uni tayyor boʻlguncha bostirib qoʻyishardi va bizlarga:"sumalakni ochganda farishtalar oʻz qoʻl izlarini bosib ketadilar",- deb aytishardi. Lekin mana qancha sumalak pishirish jarayonlarida qatnashgan bo'lsam ham, hech unaqa holatga duch kelmaganman. Navro'z bayramini Eron, Afg'oniston O'zbekiston va ko'lab boshqa davlatlar keng miqyosda nishonlashadi. Barcha elatlarda mahalliy raqslar mavjud bo'lib, ular guruh-guruh bo'lib ijro qilinadi. Bularga Ozarbayjon va Turkiyada "Kusa, Kusa Xani", Eronda "Kusex Galin" va "Xan Bazi", O'zbekistonda "Bahor Xonim", "Navro'z bobo" va "Dehqon bobo" singari raqslarni misol qilsak bo'ladi. Bundan tashqari otchoptirish, uloq, kurak, varrak uchirish, qo'chqor va xo'rozlar jangi va yana turli xil o'yinlar ham bor. Hunarmantlar o'z yasagan sopol idishlarini, zargarlar ham yasagan mahsulotlarini ko'rgazma qilish uchun sayillarga olib borishadi. Umuman olganda Navro'z bayrami shunday ko'tarinki ruhda, turli o'yinlar va raqslar ostida o'tkaziladi va o'zlarimizning boy va madaniy an'analarimizni akslantiradi.

 2009-yil 30-sentyabda Navro'z UNESCO tarafidan nomoddiy madaniy meros ro'yxatiga kiritilgan, 2010-yil 23-fevralda esa BMT Bosh Assambleyasining 64-sessiyasida 21-mart "Xalqaro Navro'z Kuni" deb e'lon qilindi. Hali ham bu bayram xalqlar o'rtasida keng ko'lamda davom etib kelmoqda.

 Muhammad Rizo Erniyozbek Ogahiy ozining navroz radifli gazalining bayytida shunday deydi:

Kelib fayz-u nishot-u ayssh birla,
Muhayyo qildi elga voya navro'z.

Bu misralarda Navro'z bayrami o'zi bilan birga fayz, shodlik va ayshni olib keladi va shu 3 narsa bilan elni bahramand qildi deyiladi. Ogohiy ham o'z g'azallarida Navro'zga bayramiga juda o'zgacha tariflarni bergan.

    Navro'z mustaqillikdan keyingi yillarda juda keng nishonlarib kelinmoqda. 1991-yildan keyin Navro'z umumxalq bayrami darajasiga ko'tarildi. Mana bizning o'lkamizga ham Navro'z bayrami yaqinlashib kelmoqda. Kelyotgan Navro'z bayrami barchamizga muborak bo'lsin.

"Navroz"

    Navroz is considered one of the first holidays of spring and marks the beginning of the new year for Persians and Turks. The word "Navroz" comes from Persian, meaning "new day" In Central Asia and Iran, Navroz is usually celebrated on March 21st. Navroz itself marks the start of the northern hemisphere's spring and begins at the equinox. Some believe that the arrival of spring is in harmony with nature, and they celebrate the start of the new year accordingly. Navroz has been celebrated for many years, featuring various games, dances, storytelling, and, most importantly, the making of sumalak, a traditional dish. With the arrival of spring, greenery begins to flourish. It's known that during spring, various dishes like greens, sprouts, and special sweets such as koʻksomsa, ko'kmanti, and koʻkbarak are served in all households. The highlight of Navroz is the preparation of sumalak. Making sumalak involves gathering wheat and boiling it until it thickens, which is said to attract angels who bless the dish. Despite my involvement in many sumalak-making processes, I've never encountered such a phenomenon. Navroz is widely celebrated in Iran, Afghanistan, Uzbekistan, and many other countries. Local dances are performed in all regions, often in groups. In Azerbaijan and Turkey, examples include "Kusa, Kusa Khan" and in Iran "Kusex Galin" and "Xan Bazi," and in Uzbekistan "Bahor Khanim," "Navroʻz Baba," and "Dehqon Baba". Additionally, there are traditional games such as wrestling, tug-of-war, and various other entertainments. Craftsmen display their handmade pottery, and jewelers exhibit their crafted goods. Overall, Navroz is a celebration deeply rooted in tradition, where various games and dances reflect our cultural heritage.

  In 2009, Navroz was inscribed on the UNESCO Representative List of the Intangible Cultural Heritage of Humanity, and on February 23, 2010, the United Nations General Assembly declared March 21 as "International Navroz Day" during its 64th session. This holiday continues to

be widely celebrated among different cultures. Muhammad Rizo Erniyozbek Ogahiy beautifully captures the essence of Navroz in his poem:
"Kelib fayz-u nishot-u ayssh birla,
    Muhayyo qildi elga voya navro'z."
These lines signify how Navroz brings prosperity, happiness, and joy, making the land rejoice. Ogahiy's poems often depict Navroz with unique descriptions.

Navroz has been celebrated on a large scale in the years following independence. Since 1991, Navroz has been elevated to the status of a national holiday. As Navroz approaches our country, let us all celebrate this joyous occasion.

"Ozodlik"

Ozodlik. Bir qaraganda oddiy so'zday ko'rina, lekin tub-tubidan juda katta ma'no anglashilib turadi. Ozodlik so'zi tojikcha "ozod" so'zidan kelib chiqqan bo'lib, erin yashash ma'nosini anglatadi. Ming shukurlar bo'lsin hozirda tinch, farovon va ozod yurtda yashayapmiz, ammo bu holatga qanday qiyinchiliklar bilan yetib kelganimizni hech o'ylab ko'rganmizmi? Bunday davrga kelguncha qanchadan-qancha insonlar boy berilgan, qanchadan-qancha ishlar qilingan, balki bularni o'ylab ham ko'rmagandirmiz. Ko'plab insonlar shu kunlar uchun jonlaridan, mollaridan, hayotlaridan kechishganligini tasavvur ham qilib ko'rmaganmiz. Inson yashayotgan, uning yuragi urib turayotgan ekan, albatta, ozodlik va hurriyatga intilib yashayveradi. Ozodlik – insoniyatning azaldan erkin, hur va mustaqil yashash orzu-umidlari, armon va iztiroblarini o'zida mujassam etadigan tushuncha. Inson doim o'zini erkin, tahlikasiz yashashga extiyoj sezadi. Shuning uchun qadim o'tmishdan ozodlik uchun, erkin yashash uchun insonlar kurashib kelganlar. Mustaqillikga erishish bu tenglikka erishish hisoblanadi. Tenglik yo'q joyda, shubhasiz, kimdir kimdirga tobe bo'lib yashaydi va bu erksizlikni keltirib chiqaradi. Erksizlik, mutelik bor joyda hukmronlik, o'zgalar hisobiga yashash singari g'ariz illatlar paydo bo'la boshlaydi. Bu o'z o'rnida mustamlakachilikni vujudga keltiradi. Bunday illat insonlarning tinch, totuv hayotini bir zumda bo'ronli, tartibsiz, zahmatli girdobga tortb ketadi. Yillab davom etgan mustamlakachilik xalqlarning o'tmishini, qanday kelib chiqqanligini unutilib ketishiga ham olib keladi. Buning oldini olish uchun insonlar avvalo o'zligini, o'tmishini, ota-bobolarini bilishi kerak. Keyin bunday erksizlikdan qulitish uchun o'zlarida kuch topa olishi va unga qarshi kurasha bilishi lozimdir. Albatta, osoyishda, farovon yurtda yashashga nima yetsin. Ota-onalarimiz uyda mazza qilib o'tirishlariga, farzandlarimiz yugurib-yelib maktablarga, bog'chalarga borishlariga, o'zlarimiz ham o'z sevgan ishlarimizda hech qanday qitquvlarsiz, cheklovlarsiz qilishimizga nima ham teng bo'la olardi. Bunday tinch zamonga osonlikcha erishmaganimizni unutmasligimiz zarur. Hammamiz bu ozod, tinch yurtda yashayotganimizga shukur qilib, qadriga yetishimiz lozim.

"Freedom"

At first glance, it seems like a simple word, but it carries a profound meaning. The word "ozodlik" comes from the Tajik word "ozod" which translates to freedom. It signifies living freely. We are now grateful to live peacefully, prosperously, and freely in our country, but have we ever considered the challenges we faced to reach this state? Many people have sacrificed their lives, wealth, and livelihoods for these days. Some might not even have imagined the struggles endured. For many, these days have been spent surviving, without considering the sacrifices made. As humans live, their hearts beat, naturally gravitating towards freedom and liberty. Freedom embodies the aspirations, harmony, and efforts of humanity. Humans inherently desire to live freely and safely. Therefore, throughout history, people have struggled for freedom, for the right to live independently. Attaining independence is considered equivalent to achieving equality. Where there is no equality, undoubtedly, some oppress others, eliminating freedom. Oppression, with its dominance in certain places, leads to the emergence of various diseases, such as tyranny and inequality. It fosters authoritarianism instead of democracy. Such circumstances disrupt the peaceful, orderly, and comfortable lives of individuals. Persistent oppression erases the lessons of the past and disregards how it came to be. To prevent this, individuals must first understand themselves, their history, and their ancestors. Then, they must gather strength to combat such oppression and resist it. Certainly, it's not easy to live peacefully and prosperously. Our parents work hard to maintain harmony at home, ensuring our children attend schools and nurseries. Despite all this, we should not forget the challenges we faced to reach this peaceful era. Gratitude is essential as we live in this free and peaceful land.

"Ona – qadri."

Ona – naqadar jozibador soʻz. Inson uchun dunyodagi eng aziz, qadrli va muhim shaxs bu, shubhasiz, onadir. Ona deganda koʻz oldimizda olamning barcha mehri gavdalanadi. Ona sizdan hech narsa talab qilmay sevgan, yaxshi koʻrgan va qadrlagan takrorlanmas inson. Siz xoh boy, xoh kambag'al, xoh sog'lom, xoh kasal, har qanday holatda bo'lmang onadek sizni hech kim qadrlamaydi, yoqlamaydi, xovotir olmaydi. Shunday ekan nega ayrim qo'shtirnoq ichidagi shaxslar onalarimizni qadrlamaymiz. Xuddi ularga ortiqcha yukdek muomala qilamiz. Shunday jumla bor edi: "jannat onalar oyog'i ostida",- degan. Shuni bilib turib ham onalarini qariyalar uyiga topshirayotgan shaxslar qancha. Siz qarovsiz qoldirayotgan onaga qanchadan-qancha insonlar zor, shuni hech o'ylab ko'rganmisz? Onasini bir marta bag'riga bosish uchun borini berishga tayyor insonlar borligini bilasizmi? Ona shu qadar buyun insonki, har bir duosini oltinlarga tenglab bo'lmaydi. Shu duolarni olib yurish armon bo'lib qolishidan qo'rqmaysizmi? Bir o'ylab qarang, uyingizga kelganda har doim sizni kutib oladigan onangiz yo'q. Sizni oldingizga issiq-issiq ovqatlarni qo'yadigan, sizni ust-boshingizdan xabar oladigan onangiz yo'q. Ha buni o'ylash ham juda xavotirli. Shuning uchun onangizni borida qadrlang. Har kuni bo'lmasa ham kun ora ko'ngliga quloq solib ko'ring. Har ko'rganingizda bag'ringizga bosib, yaxshi ko'rishingizni ayting va ularning umriga umr qo'shishini Allohdan so'rab duolar qiling. Onalar sizni yosh paytlaringizda barcha injiqlik-u shohliklaringizga ko'ngan, ko'nglingizga qaragan va eng yaxshisini sizga ilingan. Nega endi yoshi o'tib hassaga suyanib qolganida siz onangizga suyanchiq bo'lmasligingiz kerak. U siz bilan gaplashgisi, ichidagilarni sizga aytgisi keladi. Shu paytlarda ozgina bo'lsa ham vaqtingizni qadrli volidangizga sarflang. Hech qayerda topilmaydigan saodatli, barakali duolarini oling. Keyin ko'rasiz siz quvib yurgan o'sha dunyoning matoqlari sizni quva boshlaydi. Azizlarim, onangizni vaqtida qadriga yeting, keyin kech bo'lib qilmasin!

"Mother – value"

Mother – such a captivating word. Undoubtedly, she is the most precious, esteemed, and significant person in the world for a human being. When we say mother, all the goodness of the world appears before our eyes. A mother is an irreplaceable individual who loves you unconditionally, sees the best in you, and appreciates you endlessly. Whether you are tall or short, rich or poor, healthy or sick, in any situation, no one values, loves, or cares for you like a mother does. So why do some individuals fail to appreciate our mothers? We even sometimes treat them with more burden than they deserve. There is a saying: "Heaven lies beneath the feet of mothers". Think about how many individuals rush to serve their mothers. Do you realize how many people struggle to provide even a fraction of what your uncomplaining mother does for you? Do you know that no matter how much you pray, you cannot repay her for everything she does for you? Are you afraid of losing the warmth of your mother's embrace when you return home? Your mother, who always eagerly awaits your arrival, who prepares warm meals for you, who cares for you tirelessly, is not with you forever. Even thinking about it is very frightening. That's why appreciate your mother while she's still here. Listen to her every day, even if just for a moment. Hold her hand, look into her eyes, and pray to God to extend her life. Mothers witness all your successes and failures in your younger years, and they give you the best of themselves. So why should you not be there for her when she becomes frail and aged? When you have a little time, spend it with your respected mother. Take her prayers, which are more valuable than anything, that cannot be found anywhere else. Later, you will see that those prayers will be the source of your strength in that world. My dear ones, appreciate your mothers while you have the chance, before it's too late!

"Bolalarning tarbiyasiga ta'sir qiluvchi omillar"

Bir avlod oldin yoshlarga qaraganda hozirgi yoshlaring jinoyatchilik darajasi dunyoning

aksariyat shaharlarida tez sur'atlar bilan o'sib bormoqda. Biroq, bugungi kunda buning oldini olishga harakat qilinmoqda. Bu muammoning asosiy sabablaridan biri ota-onalarning farzandlariga e'tiborsizligidir. Bu bilan ular pul topish uchun boshqa mamlakatlarga borishlarini nazarda tutyapman va bu ularning farzandlari tarbiyasiga katta ta'sir qiladi. Misol uchun, ba'zi odamlar farzandlari tug'ilganda ham e'tibor bermaydilar, hatto bolaning kim bilan do'st bo'lganini ham bilishmaydi. Agar do'stlari boy bo'lsa, u do'stlarida bor narsaga ega bo'lishni xohlaydi va bu orqali turli jinoyatlar sodir bo'lishi mumkin, buning yechimi ota-onalar farzandlari uchun doimo e'tiborli bo'lishlari va ularning ehtiyojlarini qondirishlari kerak. Yana bir muammo shundaki, bolalar ba'zi o'yinlardan noto'g'ri foydalanishadi. Ya'ni, ular ham bolalarning ongiga zarar yetkazish orqali jinoyat sodir etishlariga olib keladi. Ushbu muammoni hal qilish uchun ota - onalar farzandlarining texnologiyadan qanday foydalanishini nazorat qilishlari va ba'zi cheklovlar qo'yishlari kerak.
    Muammoning uchinchi sababi, ba'zi ota-onalarning ish topa olmagani uchun boshqa mamlakatlarga ketishidir. Aniqroq qilib aytadigan bo'lsak, ular o'z farzandlarini yolg'iz yoki qarindoshiga tashlab ketishadi, bu esa ularning erkin va nazoratsiz bo'lishiga olib keladi, natijada nima qilayotganini bilmasdan turli jinoyatlarga

qo'l uradilar.

Xulosa qilib aytadigan bo'lsak, bolalarning jinoyat sodir etganini bilmasligi kabi sabablarga ko'ra jinoyat ko'payib bormoqda. Bu jiddiy muammo bo'lib, bolalarni qat'iy e'tibor bering, telefondan ko'p foydalanishiga yo'l qo'ymang. Umuman olganda, davlat ota - onasini ish bilan ta'minlashi kerak. Mening fikrimcha, muammoni hal qilishda asosiy mas'uliyat tarbiyachi bolalarning ota - onalari zimmasiga tushadi.

"Factors affecting the education of children"

A generation ago levels of youth in most crime are increasing rapidly in most cities around the world. However, today efforts are being made to prevent this. These essay will look at the care solid solutions.

One of the main causes of this problem is that it is the neglisence of parents
Towards their children. By this, I mean they go to other countries to earn money and this has a great impact on the upbringing of their children. For example, some people do not pay attention even when they are in frout of their children they do not even know who is child has friends with. If his friends are rich, he wants to have what his friends have and through this, various crimes can be committed the solution is that the parents

should always be attentive fo their children and satisfy their needs. Another problem is that children are misusing some game. That is to say, they also lead children to commit crimes by damaging their minds. To tackle this issue parents should monitor how their children use technology and set some limits.

A third cause of the problem is the some parents go to other countries because they can not find work. To be more precise, they leave their children alone or with a relative which causes them to be free and uncontrolled as a result them they commit various crimes without knowing what they are doing. The way forward could be that the goverment should provides cmployment for people.

To sum up, the crime is on the rise, due to the reasons such as children in ignorance into not knowing that they have committed a crime. This is a serious problem and unless children should be strictly sup revised, pay attention to the people around them, do not allow them use the phone a lot. About all, the state must provide employment him parents. My view is that the main responsibility for solving the problem lies with parents of children caretater.

"Parvozlarning zarari"

Hozirgi vaqtda samolyotda sayohat eng

tezkor transport vositasi hisoblanadi. Kelgusi yillarda arzon va qimmat bo'lishi nuqtai nazaridan parvoz narxi haqida bahslar mavjud. Keyingi paragraflar yakuniy eslatma qilishdan oldin ushbu dalillarga ishora qiladi.

Ba'zilarning ta'kidlashicha, milliy va xalqaro aviakompaniyalar o'rtasidagi raqobat tufayli samolyotda sayohat qilish jamoatchilik uchun arzon va sodda bo'lishi mumkin. Buning sababi, ko'proq yo'lovchilar o'z manzillariga yetib borish uchun reyslardan foydalanishlari kutilmoqda. Bu tashkilotning mijozlar ustidan raqobatlashishiga olib kelishi mumkin. Mijozlarning e'tiborini qozonish uchun ular chiptalar narxini pasaytirishlari va bortda ovqatlanishni yaxshilashlari mumkin. Boshqalar fikricha, ko'proq uchadigan samolyotlar CO_2 ni atmosferaga qanchalik ko'p tushirsa, bu tendentsiya atrof-muhitga haddan tashqari zarar etkazishi mumkin. Bu parvoz raqamlari bo'yicha yangi qoidalarni joriy etish talabi bo'lishi mumkin. Agar shunday qonun qabul qilinsa, reyslar soni qisqaradi va badavlat odamlarning odatiga aylanib qoladi, bu oddiy odamlar uchun chipta sotib olishning iloji yo'q.

Shaxsan, aviakompaniyalar o'rtasidagi raqobat odamlarning e'tiborini jalb qilish istagi bilan kuchayadi. Arzon va oson bron qilish sayohatni oddiy telefon menoniga aylantiradi. Vaziyatni yomonlashtiradigan narsa shundaki, u eko-tizim sifatini buzishi mumkin. Shuning uchun havoga zarar yetkazmaslik uchun ko'proq ekologik toza bo'lish kerak.

Xulosa qilib aytadigan bo'lsak, kelajakda parvozlar narxi qulay bo'lishi kutilayotgan bo'lsada, reyslarni pasaytirish zarurati tug'iladi. Shu munosabat bilan, kamroq zararli parvozlar bu muammoni hal qilish uchun eng yaxshi yechimdir.

"Loss of flights"

Nowadays travelling by plane is considered to be the quickest meaus of transport. There is a dabate over the cost of flight in tersm of being cheap of expensive in years to come. The following paragraphs will point out these arguments before making a final note.

Some people argue that travelling by aircreft will be likely to be affordable and straightforward for public due to the competition between the national and international air companies. This is because more passangers are expected to use flights to reach their destinations. This might lead the organizationus to compete over the clients. To win customers' attention they could drop the ticket prices and improve catering in the board. Others feel, however, that more planes flying the more they relevse CO2 into the atmosphere there is a great chance that this trend may damage the environment excessively. This might happen a requirement to introduce new regulations on the flight numbers. If such law is passed, the number of flights will reduce and it will be a habit of affluent people which ordinary people could find purchasing tickets unaffordable.

Personally, the competition among air companies is fueled by a willing to catch people's attention. Cheap and easy booking makes travelling a common phone menon. What makes the matter worse is that it may ruin the quality of eco – system. They is why, more enviromently – friendly are plance is needed to prevent further damage to air.

In conclusion, although the costs of flights are hoped to be affordable in the future, there will be a necessity to lower the flights. In the regard, less harmful full is the best solution to address this issue.

"Uyqu"

Ba'zilar uyqu miya uchun foydali desa, boshqalarkun davomida tetik bo'lishga xalaqit beradi deb o'ylashadi. Ikkala fikrni muhokama qilamiz va o'z fikrimni bildiraman.

Uyqu bizning miyamiz faol bo'lishida muhim rol o'ynaydi. So'nggi paytlarda uxlash zarurati haqida munozaralar bo'lib o'tmoqda. Kun davomida uxlab olgan odamlarga, uyqu barcha ishlarni oʻz vaqtida bajarishni qiyinlashtiradi, lekin men stresssiz ishlash bu borada yaxshiroq boʻlishi mumkin deb oʻylayman. Kechiktirilishi mumkin boʻlgan juda koʻp vazifalar mavjud. Buning sababi shundaki, tushdan keyin ikki soatlik uyqu koʻproq odamlarni vaqtni boshqarish uchun qiyin boʻlgan muhim vazifalardan uzoqlashtiradi. Bundan tashqari, koʻplab ish beruvchilar oʻz ishchilaridan narsalarga jiddiy qarashni talab qilishadi. Muntazam ravishda uxlab yotgan odamlar koʻpincha boshqa odamlar bilan munosabatlarni buzishi mumkin boʻlgan haqiqiy mashgʻulotlarsiz munosabatlarga qaytishadi. Koʻpgina mutaxassislarning taʼkidlashicha, tushlik tanaffusidan keyin ikki soatdan koʻproq uxlash yurak-qon tomir kasalliklari va semirish kabi turli kasalliklarga olib kelishi mumkin. Bu keyin faol ongning yaxshi ishlashini buzadi.

    Xouing yuqoridagi dalillarni tan oldi, menimcha, koʻproq uxlash odamlar uchun foydalidir. Bu tushdan keyin dam olgandan keyin odamlarga tetik boʻlishga va tez oʻylashga yordam beradi, koʻpchilik tungi yomon uyqu kunduzi qisqa uyqu bilan qoplanadi, deb aytishadi. Natijada miya barcha vazifalarni yaxshiroq bajarishi mumkin. Bundan tashqari, muntazam qisqa uyqu qisqarish tezligini kamaytirishga yordam beradi.

"Sleep"

Some people say that nap is good for a brain, others feel that it hinders to manage the day. Discuss both views and give you opinion.

Introduction
MB1 (others view)
MB2 (our position)

It if clear that sleep a role in keeping our brain active. Recently there has been a debate over the necessity of having a nap. Wheli taking a nap makes it hard to perform all the things on time in the day, but I tend to think that work without stress can be better in that regard.

Having too many tasks to be delayed. This is because two hour sleep in the afternoon gets more people away from essential tasks which is bad for time management. Furthermore plenty of employers demand from their workers to take things seriously. People who take naps regularly often come back to the affices without real exerses that may even ruin the relationship with others. Many experts state that more than two hours sleep after lunch break may bring on different ailments like cardiovascular conditions and obesity. It after impairs the sharpness of the active mind.

Hawing acknowledged the arguments above, I sill think that taking power nap is advantageous for people. It helps people stay sharp and think quickey after having a rest in the afternoon many people say that night's poor sleep is after compensated by having a short sleep during day. The result is that on can perform all the tasks better. Moreover regular short sleep help to lower the speed of reduction.

"Xalqaro sport"

Ba'zi odamlar xalqaro sport turlarini o'tkazish mezbon mamlakat uchun ma'qul, boshqalari esa bu hodisani iqtisodiyot uchun juda zararli deb hisoblaydilar. Shaxsan men xalqaro tadbirlarni ikki sababga ko'ra o'tkazishni foydali deb bilaman. U yerda quyidagi paragraflar ko'rsatiladi.

Taxminlarga ko'ra, bunday tadbirlarni tashkil etish hukumatga moliyaviy yuk bo'ladi. Bunday tadbirlarni o'tkazish juda katta xarajatlarni talab qiladi. Ekstromehmonxonalar, stadionlar va mehmonlar uchun yoqimli joylar qurish uchun katta miqdordagi mablag' kerak. Agar pul to'g'ri boshqarilmasa, isrofgarchilik va samarasiz bo'ladi. Xalqaro sport o'yinlarini targ'ib qilish. Qatar juda ko'p korruptsiyaga duch keldi, bu ularning blus - qo'ng'iroq qiluvchi Warkers ularni yaxshi o'ynay olmay qolishida muammolarga duch keldi. Natijada ko'pchilik o'yinlarni tomosha qilishdan bosh tortdi.

Shubhasiz, bu so'z atrofida mamlakatning umumiy obro'sini pasaytirdi. Xoving mahalliy hukumat uchun xalqaro o'yinlarni o'tkazishning salbiy tomonlarini e'tirof etgan bo'lsa-da, men hali ham bu ko'pchilik mamlakatlar uchun ancha foydali deb o'ylayman. Bu yetkazib berish bo'yicha malakaga ega bo'lgan holda, xalqaro imidjni yaxshilash mumkin, ko'proq investorlar mamlakatdagi loyihalarga qiziqish bildirishi mumkin. Bundan tashqari, bir qancha mehmonlar turizmni rivojlantirishda oldinga qadam tashlab, shoshilinch joyga kelishlari mumkin. Bu odamlar mahalliy madaniyat va an'analardan xabardor bo'lishga chodir bo'lib, iqtisod uchun turizmni rivojlantirish salohiyatiga ega ekanligiga ishonch hosil qilishadi. Shubhasiz, bu nafaqat tadbirkorlar, balki mahalliy aholi uchun ham boylik yaratishi mumkin.

Xulosa qilib aytadigan bo'lsak, mezbon mamlakat sharqda o'zini topishi kerak bo'lsa-da, menimcha, global sport o'yinlarini o'tkazish orqali mamlakat iqtisodiyoti chet eldan kelgan investorlar va sayyohlar tufayli ko'p foyda keltirishi mumkin.

"International sport"

Some people hold the view that holding international sports is desirable for a host country where as others consider this phenomeno too harmful for the economy. Personally, I find hosting international events worthwhile for two reasons. The following paragraphs will point out there.

It is assumed that organizing these occasions is to bear a financial burden on the government. Holding these events requires tremendous cost. A huge sum of money is needed to make preprations such building extro hotels, stadiums and cutering places for guests. If money is not managed properly, there will be waste and ineffecianey. To promote international sports game. Qatar faced much corruption which pred their blus - caller warkers in trouble not playing them well. The result was that many people turned down to visit and watch the games. Clearly, this declined the country's overeall reputation around the word. Hawing acknouvledged the negatives of hosting international games for the local government, I still think that it is much more profitable for the most country. This with a competence in deliverin, inbernational image could be improved, more investors may be fascinated by the projects in the country. Furthermore, a number of guests might flock to a hasting place, stepping further in promoting tourism. These people tent to be aware of local cultures and traditious, making sure that afficial have potential to develop tourism for the sake of the economy. Obviously, this is more likely to generate wealth not only for entrepreneurs but also locals.

In conclusion, despite the huse east a hosting country has to find, I believe that by holding global sports games a country's economy could gain much because of the investors and tourists from abroad.

"To'g'ri ovqatlanish ta'limi"

Bugungi kunda maktabda dasturni o'rganish bo'yicha ba'zi takliflar mavjud. Ba'zi odamlar u yerda ovqatlanish rejimi va tayyorlash fanini muntazam ravishda o'rgatish kerak, deb hisoblaydilar, boshqalari esa asosiy maktab fanlariga ustunlik qaratishni talab qiladilar. Shaxsan men maktabda sog'lom ovqatlanishni o'rgatish kerak degan insonlar tarafidaman.

Bir tomondan, maktabda to'g'ri ovqatlanish fani va uning texnikasini o'rgatishning bir qancha afzalliklari bor. Birinchidan, bu hayotiy ko'nikma o'quvchilarni sog'lom ovqatlanishga ongli ravishda yondashishga undashi mumkin. Chunki, oziq-ovqat mahsuloti oqsil, uglevod yoki yog' kabi tafsilotlarni bizning jismoniy holatimizga ta'sir qilganda, ular tez ovqatlanishdan ko'ra muvozanatli ovqatlanishni xohlashlari mumkin. Shuningdek, oziq-ovqat va uni tayyorlash bo'yicha yetarli bilimga ega bo'lish o'quvchilarga oziq-ovqat xavfsizligi qoidalariga amal qilish imkonini beradi. Bu shuni anglatadiki, ular oziq-ovqatni muzlatish, saqlash va suvsizlantirish haqida kerakli g'oyalarga ega. Buning mumkin bo'lgan natijasi shundaki, maktab matematika kabi asosiy fanlarga katta e'tibor berishi kerak. Ingliz tili va adabiyot. Buning sababi shundaki, maktabda o'qish printsipi o'quvchilarga universitet yoki o'rta maktablarga kirishga yordam beradi. Aks holda, talabalar qimmatli vaqtlarini oziq-ovqat ta'limi bo'yicha imtihonlarga sarflashlari mumkin. Yaponiya kabi Osiyo mamlakatlarida matematika va chet tillari haftada bir necha marta o'qitiladi. U erda oziq-ovqatni o'rganish dasturi og'izdan-og'izga yetkaziladi. Shunday qilib, asosiy mavzularga ko'proq e'tibor berilishi kerak va ovqatni qanday tayyorlashni o'rganish yon mavzu bo'lishi kerak.

Xulosa qilib aytganda, maktabdagi ta'lim dasturlari taqdim etayotgan aniq imtiyozlardan foydalanish kerak. Men hali ham o'quvchilar maktabda sog'lom ovqatlanishni o'rganishlari lozim degan fikrdaman.

"Nutrition education"

In today's time, there are some suggestions being made to study program at school. Some people hold the view that the science of food and preparation should be taught on a regular basis there while others insist on giving priority on the main school subjects. Personally, I side with the fatter.

On the one hand, there are a number of benefits to teach sciene of food and its technique at school. Firstly, this life – needed skill can encourage students to take health – conscious approach to meals. Because when thay bearn food constitutes in detail like protein, carbohydrate or fat affecting our physical conditions, they may became willing to have a balanced diet in preference to fast food. Also, having sufficient knowledge of food and its preparation enables pupils to follow food safety rules. This means they have necessary ideas about how to freeze, preserve and dehydrate of food. The possible result is that school should place much emphasis on the main subjects like math. English and literdture. This is because the principle of schooling are more likely to help learners to get into universities or high schools. Otherwise, students might end up wasting their precious time for exams on food education. In Asian countries like Japan, math and foreign languages are taught several times a week. There food study program is delivered ance a mouth. Hence, most focus shold be giver to the basic topics, and learning how to preperc food ought to be a side subject.

In couclusion, despib the obvious benefits offered by educational programs at school. I am still of the opinion that students should spent most of their time.

"Yoshlarga e'tiborsizlik"

Ko'pgina mamlakatlarda yoshlar o'rtasida jinoyat sodir etish darajasi tez o'sib bormoqda. Ushbu tendentsiyaning sabablari nimada? Ota - onalar va o'qituvchilar buni hal qilish uchun nima qilishlari mumkin?

Hozirgi kunda bolalarni yaxshi tarbiyalash katta fidoyilikni talab qiladi. Yosh avlod o'rtasida jinoyatchilik darajasi ortib borayotgani aniq. Men bu stsenariyning asosiy sabablari ota - ona nazoratining etishmasligi va tengdoshlar bosimi bo'lishi mumkin deb o'ylayman. Ushbu muammoni hal qilish uchun vasiylar o'z faoliyatiga ko'proq jalb qilishlari kerak va o'qituvchilar yaxshilik va yomonlik o'rtasidagi farqni qayta-qayta tushuntirishlari mumkin.

Ushbu muammoning asosiy aybdorlari ota-onalarning bolalarning xatti -harakatlariga e'tibor qaratmasliklari bo'lishi mumkin. Chunki ularning aksariyati xorijda ro'zg'or tebratish bilan band. Bu ko'plab bolalarning yolg'iz o'sib ulg'ayishini yoki odatda ularni erkalaydigan keksa buvisi va buvisini talab qiladi. Buning mumkin bo'lgan natijasi shundaki, bolalar o'ylamasdan har qanday faoliyatni mustaqil his qiladilar. Yana bir sabab - ijtimoiy bosim. Bu shuni anglatadiki, o'smirlik davridagi odamlar o'z hamkasblarining xatti-harakatlariga taqlid qilishga moyil bo'lib, ba'zida do'stlarining vasvasalariga qarshi turishda qiynaladilar. Har bir qulf o'z kalitiga ega bo'lgani uchun, ba'zi choralar ko'rish orqali bu muammoni oldini olish (hal qilish) mumkinligiga ishonaman. Avvalo, ota -onalarning kuzatuvi ularning xatti-harakatlarini yaxshilashda hal qiluvchi rol o'ynashi mumkin. Bu ularning har doim o'z faoliyatini nazorat qilishini anglatmaydi, balki yaxshi namuna ko'rsatish orqali ular bolalariga yaxshi odatlarni rivojlantirishga yordam beradi. Ikkinchidan, bolalarning ko'p vaqtlari maktablarda o'tkaziladi. Ya'ni, qolish uchun o'qituvchilar xatolarini tuzatishga yordam berishlari mumkin. Ular muayyan xatti-harakatlarning mumkin bo'lgan natijalarini tushuntirishlari kerak. Bu hayotiy misollar bilan ham ko'rsatilgan. Buni hatto qamoqxonalarga uyushtirilgan sayohatlar orqali ham kuchaytirish mumkin.

 Xulosa qilib aytadigan bo'lsak, ota - onalar o'z farzandlariga kamroq e'tibor berishlari va do'stlar bir-birining ongiga salbiy ta'sir ko'rsatishi sababli yoshlar o'rtasida tez-tez sodir bo'ladi. Menimcha, ota-onalar va o'qituvchilarning ko'magi bilan buning oldini olish mumkin.

"Neglect of young people"

The youth crime rate is rising rapidly in many countries. What are the reasons for this trend? What can parents and teachers do to solve it?

Nowadays, bringing up children well requires much dedication. It is clear that crime level among young generation is on the rise. I tend to think that the main reasons behind this scenario could be lack of parental control and peer pressure. To tackle this issue caretakers should involve more in their activities and teachers can repeatedly explain the differences between good and evil.

On the main culprits for this problem can be that parents cannot give their focus on childrens behavior. This is because most of them are busy to make a living abroad. This dictates many children grow up on their own or their elderly grandparents who usually pamper them. The possible result is that children feel independent to do any activity without a thought. Another possible reason is social pressure. This means people in their teen years are prone to imitate their fellows actions and sometimes have trouble to resist friends temptations.

As every lock has its key, I believe this issue can be prevented (addressed) (solved) by taking some measures. First and foremost, parental observation can play a pivotal role to improve their behavior. It does not mean that they always control their activities but by setting good role models, they help their kids to develop good ways of habits. Secondly, most time of children is spent at schools. That is to stay, teachers can help them to correct their mistakes. They should explain possible outcomes of certain behavior. It is also shown with real-life examples. This can even be strengthened through organized trips to prisons.

In conclusion, incidents among youngsters tend to happen more frequently due to the fact that parents give much less attention to their children and friends have an adverse impact on each others mindset. In my opinion, with the support of parents and teachers, it can be avoided.

"Go'shli ovqatlar zarar"

Go'shtli mahsulotlarni iste'mol qilish pasaymoqda. Ko'p odamlar to'yingan yog'da tayyorlangan oziq-ovqat yoki organik ovqatni afzal ko'rishlari aniq. Shaxsan men ikki sababga ko'ra bu fikrga to'liq qo'shilaman.

Birinchidan, jamiyatning aksariyat a'zolari sog'lig'i uchun vegetarian bo'lishga moyil. Men shuni aytmoqchimanki, yog'li yoki qizil go'shtli taomlar ko'pincha odamlarni bir qator sog'liq muammolariga duchor qiladi. Buning sababi shundaki, go'sht yoki yuqori yog'li mahsulotlar kaloriyalarga boy bo'lib, tavsiya etilgan dozadan ortiq iste'mol qilganlar uchun zararli bo'lishi mumkin. Bu hayot uchun xavfli vaziyatlarga olib keladi. Vaziyatni yomonlashtiradigan narsa, bu go'shtga asoslangan mahsulotlar sog'lom tana uchun zarur bo'lgan vitaminlarni o'z ichiga olmaydi. Mumkin natija shundaki, iste'molchilar ko'pincha bu odatning salbiy ta'siriga ega.

Ikkinchidan, go'sht mahsulotlarini iste'mol qilish o'sib borayotgan odamlar uchun axloqiy emas. Buni ishlab chiqish, ko'pchilik odamlar tobora ekologik toza bo'lib qolishdi. Bu o'z navbatida ularni hayvonlar huquqlari haqida o'ylashga majbur qiladi. Ular hayvonlardan kiyim-kechak yoki ovqatlanish uchun foydalanish mantiqsiz va zo'ravon tushuncha bo'lishi mumkin, deb o'ylashadi, bu hayvonlar erkin yashash huquqiga ega. Misol tariqasida Germaniyani olaylik. Shaxslarda hayvonlar huquqlari tufayli qizil go'sht iste'mol qiladiganlarga nisbatan nafrat paydo bo'ldi. Bu fikrlash tarziga umumiy ijobiy ta'sir ko'rsatishi mumkin.

Xulosa qilib aytadigan bo'lsak, ba'zi odamlar uchun go'shtga boy oziq-ovqatlarni iste'mol qilish sog'lig'i va hayvonlarga g'amxo'rlik qilishi sababli istalmagan bo'lishi mumkin. Menimcha, bu stsenariy etarlicha adolatli bo'lishi mumkin, chunki har bir tirik mavjudot hayotdan teng ravishda zavqlanish huquqiga ega. Vegetarian bo'lmaslik jiddiy kasalliklarga duch kelishi mumkin.

"Meat foods are harmful"

Consuming meat-based products is on the decline. It is clear that most people have a preference for nutritional or organic food over those prepared in saturated oil. Personally, I have a total accord with this idea for two reasons.

Firstly, most members of the community have a tendency to be vegetarians for health concern. What I mean by saying that meals in high fat or red meat often make people face a number of health issues. This is because that meat or high oil products are rich in calories that may be harmful for those consuming over the recommended dose. This leads to life-threatening conditions. What makes the matter worse, these meat-based products may not include needed vitamins for healthy body. The possible result is that consumers often have more adverse effects by this habit.

Secondly, having meat products is considered as unethical for growing people. Elaborating this, most people have become increasingly eco-friendly. This in turn makes them think about animal rights. They tend to think that using animals for clothing or eating may be irrational and violent notion, stating these animals have a right to free way of life. Take Germany as an example. Individuals have developed hatred for those who eat red meat because of animal rights. This can have an overall positive impact on the way of thinking.

In conclusion, consuming food rich in flesh can be undesirable for some people due to in good health and care about animals. To my mind, this scenario could be fair enough as every living creature is entitled to enjoy the life equally. Being non-vegetarian might end up encountering serious diseases.

"Texnologiyaning insonlar hayotiga tasiri."

Ba'zi odamlar, hukumat odamlarning shaxsiy hayoti tufayli texnologik yaxshilanishlarni tartibga solishi kerak deb o'ylashadi.

Hozirgi kunda texnologiya rivojlanmoqda. Ba'zilar buni xalq xavfsizligi uchun kuzatib borish kerak, degan fikrda. Va men quyidagi ikkita sababga ko'ra bayonotga to'liq qo'shilaman.

Birinchidan, texnologiyani takomillashtirishni nazorat qilmaslik shaxsiy hayotga tajovuzni ko'paytirishni anglatadi. Boshqacha qilib aytganda, texnologiya qanchalik ko'p rivojlansa, ular shunchalik ko'p xavfxatarlarga duch kelishadi. Eng zamonaviy qurilmalar ishdan tortib, bo'sh vaqtni o'tkazishgacha bo'lgan barcha imkoniyatlarni yaratadi. Shunday qilib, odamlar kiberhujumga nisbatan zaifroq bo'ladi. Misol tariqasida Hindistonni olaylik. U yerda har besh kishidan biri internetdagi talonchilik qurboni bo'lishga moyil. Va xavfsizroq texnologiya bilan bog'liq qoidalarni amalga oshirish mansabdor shaxslar tomonidan amalga oshirilishi tavsiya etiladi.

Yana bir narsa shundaki, texnologiya tabiati odamlarga tahdid solishi mumkin. Boshqacha qilib aytganda, yomon niyatli odamlarning ko'pchiligi ko'pincha qotillik qilish uchun xususiyatdan foydalanadilar. Ular odamlarni qo'rqitishning shafqatsiz usullari haqida o'ylashlari (o'ylab topishlari), agar pul mukofoti bo'lmasa, ularning shaxsiy fotosuratlari yoki filmlari butun dunyoga tarqalishi mumkinligini aytishlari mumkin edi. Natijada, ko'pchilik odamlar butun umri davomida yig'ilgan pullarini ularga berishadi yoki o'z joniga qasd qilish kabi boshqa yo'llarni topishga harakat qilishadi. Demak, xavfsizlik maqsadida hukumat tomonidan texnologiya ustidan kuchli nazorat zarurligi yaxshi fikrga o'xshaydi.

     Xulosa qilib aytadigan bo'lsak, texnologiya bundan buyon to'xtamaydi. Qattiq tartib-qoidalar o'rnatilmas ekan, odamlarning shaxsiy hayotida tanazzul bo'ladi. Shaxsiy xavfsizlik zamonaviy qurilmalarni nazorat ostida saqlashni talab qiladi. Aks holda, odamlar duch keladigan qiyinchiliklarni yengish uchun kurashishlari mumkin.

"The impact of technology on people's lives"

Some people think that government should regulate technological improvements because of people's privacy.

Nowadays, technology is in advancement. Some hold the view that it should be monitored for sake of peoples safety. And I totally accord with the statement for the following two reasons.

Firstly, not controlling technology improvements means multiplying invasion of privacy. To put it in another way, the more technology develops, the more dangers they tend to face. State-of-the-art devices makes everything possible from working to leisure time activities. So People become more vulnerable to cyberattack. Take India as an example. There, one in five people is prone to be a victim of the online robbery. And it is advisable that implementing safer technology-related regulations are put into effect by officials.

Another is that nature of the technology may give people a way to threat. In other words, most people with bad intentions often take advantage of the feature to make a killing. They could think (devise) of ruthless ways to frighten people, saying that their private photos or films can be spread through the world if there is a not monetary reward. The result is that most people give their wholelife- saved money to them or try to find other ways like committing a suicide. Hence, it seems a good idea that strong control over the technology by the government for security purpose is needed.

In conclusion, technology seems not to stop from now on. Unless strong regulations are imposed, there will be a flop in peoples private life. Personal safety requires to keep modern devices under control. Otherwise people might end up struggling to overcome difficulties they face.

"Turizimning salbiy va ijobiy taraflari"

Dunyodagi ko'plab mamlakatlar asosiy daromad manbai sifatida surizmga tayanadi. Afsuski, turizm yaxshi boshqarilmasa, muammolar manbai ham bo'lishi mumkin.

Sizningcha, afzalliklari kamchiliklardan ko'proqmi?

Hozirgi kunda ko'pchilik mamlakatlar turizmni foyda olish vositasi deb bilishadi. Ko'pchilik uchun u ko'plab ish imkoniyatlarini taklif qiladi. Biroq, buni amalga oshirishga qaror qilishning ijobiy va salbiy tomonlari mavjud. Ushbu inshoda men turizmning jamiyat uchun foydali bo'lishining ba'zi sabablarini va yengish kerak bo'lgan ba'zi qiyinchiliklarni muhokama qilaman.

 Keling, sayyohlarning afzalliklarini ko'rib chiqaylik. Asosiy ijobiy jihatlardan biri bu iqtisodiyotni yuksaltirishga yordam beradi. Bu bilan nima demoqchiman, bu mamlakatga ko'p pul olib keladi. Masalan, Dubayda yashovchi odamlar yashash uchun turizmga murojaat qilishadi. Ikkinchidan, turizm madaniyatni saqlab qolish uchun foydali bo'lishi mumkin. Boshqacha aytganda, sayyohlardan keladigan foyda qadimiy obidalar va binolarni yaxshi holatda saqlash uchun sarmoya kiritilishi mumkin. Bundan tashqari, qadimiy joylarga tashrif buyurgan sayyohlar madaniy almashinuvga xizmat qiladi, bu esa tumanni yanada mashhur qiladi.

 Bahsning boshqa tomoniga o'tadigan bo'lsak, sayyohlar atrof-muhit va atrofni e'tiborsiz qoldirishga moyildirlar. Aniqroq aytadigan bo'lsak, ularning aksariyati ko'pincha axlatni tashlab yuboradi, bu esa shaharlarni tartibsiz ko'rinishga olib keladi. Misol tariqasida Toj-Mahaldan foydalanamiz. U erda juda ko'p plastik butilkalar doimo to'planadi. Yana bir muammo - mahalliy joylarda xarajatlarning oshishi. Boshqacha qilib aytadigan bo'lsak, xizmatlar narxlari boy sayyohlardan maksimal darajada foydalanish uchun belgilanadi. Bu jarayon vaqt talab etadi va ayniqsa mahalliy aholi uchun qiyin bo'lishi mumkin, chunki ular uchun hamma narsa imkonsiz bo'lib qoladi.

Umuman olganda, turizm mamlakatni targ'ib qilishning asosiy yondashuvi hisoblanadi. Iqtisod va madaniyatni yuksaltirish xarakteri uni alohida qiladi. Biroq, xizmat narxining oshishi va ifloslanish kabi yuzaga kelishi mumkin bo'lgan muammolarni bartaraf etish uchun ba'zi choralar ko'rish kerak. Shaxsan men moliyaviy va madaniyat nuqtai nazaridan foyda har qanday salbiy narsadan ustun turadi deb o'ylayman.

"Tourism and it's pros and cons"

A lot of places in the world rely on tourism as a main source of income. Unfortunately, tourism can also be a source of problems if it is not well-managed.

Do you think that the advantages outweigh the disadvantages?

Nowadays, most countries consider tourism as a means of profit. For many people, it offers many job opportunities. However, there are both pros and cons to deciding to do this. In this essay, I will discuss some of the reasons why tourism is beneficial for the community and some of the challenges to be overcome.

Let's begin by looking at the advantages of

tourists. One of the main positives is that it helps to rise the economy. What I mean by this is that it brings much money to the country. For instance, people who live in Dubai turn to tourism to make a living. Secondly, tourism may be helpful to keep the culture alive. In other words, profits come from tourists could be invested to ancient monuments and buildings to preserve them in good condition. In addition, tourists visiting to ancient places serve cultural exchange which makes a county more popular.

Turning to the other side of the argument, tourists have a tendency to neglect the environment and surroundings. To be more precise, most of them often throw rubbish away that makes the cities look untidy. Let's use Taj-Mahal as an example. There a lot of plastic bottles are always heaped. Another issue is the rise of costs in local places. In other words, the prices of services are determined to make the most of rich tourists. This process takes time and can be especially challenging for the local dwellers because everything becomes unaffordable for them.

All things considered, tourism is regarded a fundamental approach to promote the country. the nature to improve of economy and culture makes it special. However, some actions must be taken to overcome the likely problems such as increase of service costs and pollution. Personally, I believe the benefits in terms of finance and culture eventually outweigh any negatives.

"Gazetaning kelajaki"

Bosma gazetalarning kelajagi yo'q. So'nggi yillarda gazetalar turlari internetning yaxshilanishi tufayli juda o'zgardi. Ko'pchilik bizga jurnallar yoki shunga o'xshash narsalar kerak emas deb o'ylashadi, shuning uchun gazetalar kelgusi yillarda yo'q bo'lib ketadi, hali ham bosma gazetalarni o'qishni afzal ko'radiganlar ko'p va ular kelajakda yo'q bo'lib ketmasligiga ishonaman. Shaxsan men birinchisi tarafdoriman.

An'anaga ko'ra, odamlar yangiliklarni qog'ozda o'qiydilar va ularning ba'zilari hali ham buni afzal ko'rishadi. Ularning fikricha, bu ma'lumot olish va dam olishga vaqt sarflashning ajoyib usuli. Ular farzandlariga ko'proq jurnal va gazeta o'qishga o'rgatadilar, chunki ular gazetalarni internetda o'qishdan ko'ra sog'ligingiz uchun, ayniqsa ko'zingiz uchun ishonchli va foydali deb o'ylashadi. kelajakda gazetalar.

Biroq, hozir har kimning gazetaga ehtiyoji yo'qligi va keyingi o'n yilliklarda u yo'qolib ketishi haqiqat. Bunday fikr yuritishimning bir qancha sabablari bor. Birinchidan, onlayn saytlar hozirgi va o'tmishdagi siyosiy, sport, sog'liq kabi voqealar haqida cheksiz ma'lumot beradi va boshqalar. Odamlarda avvalgidan ham ko'proq tanlov mavjud. Ikkinchidan, onlayn yangiliklarni o'qish arzon va ko'chma. Siz uni avtobusda va navbatda turgan joyda bemalol o'qishingiz mumkin. Bundan tashqari, uni sotib olish uchun tashqariga chiqish shart emas. Shu sabablarga ko'ra, odamlar onlayn o'qishga moyil. Bundan tashqari, gazeta o'qish moda bo'lmagani uchun gazeta o'qiydiganlar soni asta-sekin kamayib bormoqda.

Xulosa qilib aytganda, men yangiliklarni onlayn olish davom etishini ta'kidlayman. Shuni ham yodda tutish kerakki, qog'oz gazeta o'qiydigan odamlar keyingi o'n yilliklargacha yashaydi.

"Printed newspapers have no future"

In recent years, newspapers circulation has changed extremely because of improving the internet.Majority of people assume that we do not need tabloids or something like that,so newspapers will extinct in years to come while there are many who still prefer reading printed newspaper and they believe it will not disappear in the future.Personally,I side with the former.

Traditionally,people used to read news on paper and some of them still prefer it.As they think it is great way to get information and spend time to relax. They teach their children to read more magazines and newspapers because they think newspapers are reliable and useful for your health especially your eyes rather than reading online.Some of young people are following their parents' advice and they continue reading them.It results in survival of newspapers in the future.

However, it is true that anyone do not have a need for newspaper now and next decades it will be disappear.There are several reasons why I think so.Firsly, online sites offer unlimited information about now and past events like politicial,sport,health and others.People have more choices than even before. Secondly, reading online news is inexpensive and portable. You can read comfortably it anywhere such as bus and in queue. Furthermore,you do not have to go out to buy it. Because of these reasons people tend to read read online.In addition, the number of people who read newspapers is decreasing gradually since reading newspaper is not in fashion.

In conclusion, I would argue that getting news online will continue to progress.It should also be remembered that people who reading paper newspaper will live until next decades.

"Insonlarning xohishlari"

Ba'zilar shaharda yashash yaxshiroq deb o'ylashadi, boshqalari qishloqda hayot yaxshiroq deb o'ylashadi.

Hozirgi kunda ba'zi odamlar shaharda yashashni yanada qulayroq va zavqli deb hisoblasa, boshqalari qishloq hayoti afzalroq degan fikrni qo'llab-quvvatlaydi. Shaxsan men shaharda yashashni foydaliroq deb bilaman.

Qishloqda yashash sog'liq uchun foydalidir, deb taxmin qilinadi. Biroq, ba'zi odamlar bilim olish qiyin deb o'ylashadi. Chunki bu sohalarda o'qituvchilar yetarli emasligi sababli ta'lim sifati shaharlarga qaraganda pastroq. Odamlar o'z kareralarini rivojlantirish ular uchun qiyin deb hisoblaydilar, shuning uchun ular katta shaharlarga ko'chib o'tishni afzal ko'rishadi.

Shaharda yashashning ko'plab ijobiy tomonlari bor. Zamonaviy texnologiyalar tufayli ta'lim tizimi o'sib bormoqda. Natijada siz orzu qilgan ishni topishingiz mumkin. Agar siz shaharda yashasangiz, yuqori maosh taklif qiladigan ishga kirishingiz mumkin. Shuningdek, shaharda yashash sizga yaxshi imkoniyatlar yaratadi. Bu degani, siz o'z karerangizni u yerda boshlashingiz va muvaffaqiyatga yerishishingiz mumkin. Shaharda yashashning yana bir foydasi - bu transport vositalari. Siz soliqlar, avtobuslar, shuningdek, metro va poezdlar kabi eng yaxshi transport vositalaridan foydalanasiz. Bundan tashqari, menimcha, katta shaharda yashashning eng yaxshi afzalligi o'yin-kulgidir. Siz eng yaxshi o'yin-kulgiga ega bo'lasiz. Chunki katta shaharlar har doim ko'plab ko'ngilochar variantlar bilan to'ldirilgan. Masalan, teatr, muzey, konsertlar, restoranlar va sport. Bu hududda eng yaxshi restoranlar mavjud. Shunday qilib, siz manzara va mazali taomlardan bahramand bo'lishingiz mumkin.

Xulosa qilib aytadigan bo'lsak, qishloqda yashash sizni shahar shovqinidan uzoqda tabiatga yaqinroq qiladi. Men shaharda yashash sizning ta'lim, martaba va ish uchun eng yaxshi yechim deb hisoblayman. Bundan tashqari, u sizga turli xil o'yin-kulgi imkoniyatlari, sifatli tibbiy xizmatlar va tezroq transportni taqdim etadi.

"People's desires"

It is thought by some that it is better to live in a city while others believe that life is better in the countryside (discussion essay)

Nowadays some individuals consider that living in a city more relaxing and enjoyable while other persons support the view that life of countryside is preferable. Personally, I find living in a city is more beneficial. The following paragraphs will point out these.

It is assumed that living in the countryside is useful for your health. However some people suppose that it is to be difficult to gain knowledge. Because the quality of education in these areas is lower than cities because of having teachers who are inadequate. People feel that it is hard for them to develop their careers, therefore they choose to move to a big cities.

There are numerous positives to living in a city. Due to modern technology education system is increasing. As a result you can find your dream job. If you live in a city , you can get ajob which offers a high salary. Also living in urban provide you good opportunities. This means that you can start your career there and you can be successful. Another benafit of living in a city is transport facilities . You will utilize the best kinds of transport facilities such as taxes , buses and also subway and trains. Furthermore, I think that the best advantage of living in a big city is entertainment. You will get the best sort of entertainment. Because big cities are always filled with many entertainment options. For instance theatre,museum, concerts, restaurants and sport. The best restaurants are available in this area. So you can enjoy the view and also delicious meals.

In conclusion, despite living in a countryside puts you closer to nature at far from hustle and bustle of the city. I believe that living in the city is the best solution for your education, career and job. Moreover it gives you various entertainment options, quality medical services and faster transportation.

"Bir kasbda qolish yoki o'zgartirish"

Ba'zi odamlar butun umri davomida bitta tashkilotda ishlaydi. Boshqalar, turli tashkilotlarda ishlash yaxshiroq deb o'ylashadi. Ish bilan ta'minlashning zamonaviy landshaftida, butun martaba davomida bitta tashkilotga sodiq qolish tushunchasi tobora ko'proq so'roq qilinmoqda. Ba'zilar o'zlarining kasbiy hayotini bitta tashkilotga bag'ishlashning afzalliklari haqida bahslashsalar, boshqalari bir nechta tashkilotlarda imkoniyatlarni o'rganishning afzalliklarini targ'ib qiladilar.

Bir tomondan, yagona tashkilotga umrbod sodiqlik tarafdorlari, bu sodiqlik, barqarorlik va chuqur tajriba tuyg'usini uyg'otadi, deb ta'kidlaydilar. Butun martabasini bitta kompaniyada o'tkazadigan xodimlar uning madaniyati, qadriyatlari va operatsiyalari haqida chuqur tushunchaga ega bo'lishi mumkin, bu esa ishdan qoniqish va samaradorlikka aylanishi mumkin. Bundan tashqari, uzoq muddatli xodimlar tashkilot ierarxiyasida o'sib borishi sababli lavozimga ko'tarilish, mas'uliyatni oshirish va yuqori maoshlar bilan taqdirlanish ehtimoli ko'proq. Bu barqarorlik, ayniqsa, noaniq iqtisodiy davrlarda xavfsizlik hissini ham ta'minlaydi, chunki uzoq vaqt ishlagan xodimlar pensiya va pensiya nafaqalari kabi imtiyozlardan foydalanishlari mumkin.

Aksincha, turli tashkilotlarda ishlash tarafdorlari ishning harakatchanligi kengroq tajriba, malaka oshirish va tarmoq imkoniyatlarini taklif qilishini ta'kidlaydilar. Bugungi raqobatbardosh mehnat bozorida moslashuvchanlik va ko'p qirralilik juda qadrli xususiyatdir. Turli tashkilotlar o'rtasida harakatlanish odamlarga turli xil ish muhitlari, sanoat va boshqaruv uslublari bilan tanishish imkonini beradi. Ushbu ta'sir nafaqat professional o'sish va moslashuvchanlikni oshiradi, balki turli ish joylariga yangi istiqbollarni olib kirish orqali innovatsiyalarni rag'batlantiradi. Bundan tashqari, ish joyidagi o'zgarishlar ko'pincha yuqori ish haqi, tezroq martaba ko'tarilishi va turli rollar va sohalarda qo'llanilishi mumkin bo'lgan o'tkaziladigan ko'nikmalarni egallashga olib keladi.

Ikkala fikrni ham hisobga olgan holda, men eng maqbul yondashuv martaba sodiqligi va ish joyining harakatchanligi o'rtasidagi muvozanatni topishda yotadi, deb hisoblayman. Barqarorlik va chuqur tajriba kabi butun martabasini yagona tashkilotga bag'ishlashning shubhasiz afzalliklari bo'lsa-da, ish joyini o'zgartirish orqali turli xil tajriba va ko'nikmalarga ega bo'lishning afzalliklari ham mavjud. Ikkala nuqtai nazarning elementlarini strategik jihatdan birlashtirgan holda, odamlar doimiy o'zgaruvchan ishda ularning intilishlari va qadriyatlariga mos keladigan qoniqarli va muvaffaqiyatli martaba rivojlantirishlari mumkin.

"Staying in the same profession or changing"

Some people work for the same organization all their whole life. Others think that it is better to work for different organizations.

In the contemporary landscape of employment, the notion of staying loyal to a single organization throughout ones career is increasingly questioned. While some argue for the merits of dedicating ones professional life to a single entity, others advocate the benefits of exploring opportunities across multiple organizations. The essay will delve into both perspectives before presenting my own viewpoint on the matter.

On the one hand, proponents of lifelong commitment to a single organization argue that it fosters a sense of loyalty, stability and deep-rooted expertise. Employees who spend their entire career within one company may develop a profound understanding of its culture, values and operations which can translate into job satisfaction and performance. Moreover, long-term employees are more likely to be rewarded with promotions, increased responsibilities and higher salaries as they progress within the organizations hierarchy. This stability also provides a sense of security, especially in uncertain economic periods as long-serving employees may benefit from perks such as pension and retirement benefits.

Conversely, advocates of working for different organizations argue that job mobility offers a broader range of experiences, skills development and network opportunities. In todays competitive job market, adaptability and versatility are highly valued traits. Moving between different organizations allows individuals to gain exposure to diverse work environments, industries and managements styles. This exposure not only enhances professional growth and adaptability but also stimulates innovation by bringing fresh perspectives into different workplaces. Moreover, job changes often lead to higher salaries, quicker career progression and the acquisition of transferable skills that can be applies across various roles and industries.

  In considering both views, I believe that the optimal approach lies in a finding a balance between career loyalty and job mobility. While there are undeniable benefits of dedicating one`s entire career to a single organization such as stability and deep expertise, there are also advantages to gaining to diverse experiences and skills through job changes. By strategically combining elements of both perspectives, individuals can cultivate a fulfilling and successful career that aligns with their aspirations and values in an ever-changing employment.

"Jamiyat yoshlar qo'lida"

Ko'pgina mamlakatlarda so'nggi yillarda odamlarning o'rtacha umri qisqargan. Bu yosh avlodning gullab-yashnashiga olib keladi. Ushbu jamoada malakali ishchilarning yetishmasligi muqarrar bo'lsa-da, umuman olganda, bu stsenariy kelgusi yillarda mamlakat iqtisodiyotining o'sishiga xizmat qiladi.

Mamlakatda yoshlarning ko'pligi bir qator kamchiliklarni keltirib chiqaradi. Eng kuchlisi jamiyatda malakali xodimlarning yetishmasligi. Bu muhandislik va kimyo kabi hayotiy sohalarda qobiliyatga ega bo'lgan odamlar juda kamligini anglatadi. Hayotning bu yo'nalishlari muvaffaqiyatga erishish uchun uzoq yillik tajribani talab qiladi. Buning yorqin misolini Qatarda ko'rish mumkin. Minglab odamlarni sig'dira oladigan ulkan stadionlar qurish zarurati tug'ilganda, bu masalani hal qilish uchun boshqa mamlakatlardan mutaxassislar chaqirilgan. Buning sababi, Qatar eng yosh demografik mamlakat bo'lib, u yerda yoshlar qurilishdagi qiyin vazifalarni hal qilishga qodir emas. Bu mamlakatlarda hosildorlik darajasi ham pastroq. Ularning yosh aholisi katta tajribaga ega emas, bu esa oliy o'quv yurtlarida nazariy bilimlarni olgandan keyin qo'shimcha malaka oshirishni taqozo etadi. Bu hukumat yelkasiga yuk bo'lishi mumkin.

Ko'rinib turibdiki, demografik ko'rsatkichning katta qismini yosh avlod tashkil etadigan mamlakatlarda iqtisodiyotning eng yuqori darajasiga erishish kutilmoqda. Eng yosh va baquvvat aholi orqali hukumatlar yorqin iqtisodiy kelajakni bashorat qilishlari mumkin edi. Turli xil yangiliklardan xabardor bo'lish, ular har qanday qiyinchilikdan chiqish qobiliyatini rivojlantirishlari mumkin. Voyaga yetmaganlar foydali narsalarni yaratish uchun tavakkal qilishni yaxshi bilishadi, aks holda keksa odamlar hech qachon jur'at qila olmaydi. Buning yana bir foydasi shundaki, jamiyat yaxshi ishlaydi, ijtimoiy yordam uchun moliyaviy xarajatlarni minimal darajada ushlab turadi. Keksa odamlar yashaydigan joylar asosan iqtisodiy tanazzuldan aziyat chekmoqda. Ko'proq moliya, dori-darmon va tiklanish dasturlari milliy byudjetga salbiy ta'sir ko'rsatadi.

Xulosa qilib aytadigan bo'lsak, yoshlar ko'proq odamlarning ko'p qismini tashkil qilmoqda. O'ylaymanki, uning ijobiy tabiati aksincha. Hukumat umumiy tendentsiyani yaxshilash uchun ta'limga e'tibor qaratishi va ularni iqtisodiyot uchun to'liq ishlatishi kerak.

"Society is in the hands of young people"

In most countries the average life-span of people has been in decline in the last years. This tends to lead a boom of young generation. While a lack of skilled workers is inevitable in this community, overall this scenario serves for the economy of the country to swell in the coming years.

Having an overwhelming number of young people in a country comes with some decided drawbacks. The most potent one is a lack of skilled employees in the society. This means there are very few people who have ability in vital fields like engineering and chemistry. These walks of life require lasting years of experience to get it successfully. A great example of this can be seen in Qatar. When there was necessary to build huge stadiums to accommodate thousands of people, experts were called from other countries to handle the matter. This is because Qatar has been a country with the youngest demographic where young people are not capable enough to deal with difficult tasks in the construction. Productivity levels are also prone to be lower at these countries. Their young population has not gained much experience which necessitates further trainings after having theoretical knowledge at higher educations. This can be a burden on the shoulder of the government.

It is clear that the highest level of the economy is expected to achieve in the countries where young generation comprises most of the demographic. Through youngest and energetic population, governments could predict a bright economic future. Becoming aware of the different innovations, they may develop a skill to get out of every challenge. Those who are immature are good at taking risks to create useful things, otherwise older people could never dare. Another benefit of this may be that the society works well, keeping the financial expenses to social cares minimally. Places where older people make up mostly suffer from economic recessions. More finance, medication and recovery programs have an adverse effect on the national budget which is bad for GDP.

In conclusion, young people are increasingly accounting for the most part of the people. I think its positive nature exceeds the opposite one. The government should focus on education to improve a general trend and exploit them fully for the sake of the economy.

MUNDARIJA:

"Qahva"	... 3
"Coffee"	... 4
"Navro'z"	... 6
"Navroz"	... 8
"Ozodlik"	... 10
"Freedom"	... 12
"Ona – qadri"	... 13
"Mother – value"	... 15
"Bolalarning tarbiyasiga ta'sir qiluvchi omillar"	... 16
"Factors affecting the education of children"	... 18
"Parvozlarning zarari"	... 19
"Loss of flights"	... 21
"Uyqu"	... 22
"Sleep"	... 24
"Xalqaro sport"	... 25
"International sport"	... 26
"To'g'ri ovqatlanish ta'limi"	... 28
"Nutrition education"	... 29
"Yoshlarga e'tiborsizlik"	... 31
"Neglect of young people"	... 33
"Go'shli ovqatlar zarar"	... 34

"Meat foods are harmful" … 36

"Texnologiyaning insonlar hayotiga tasiri" … 37

"The impact of technology on people's lives" … 39

"Turizimning salbiy va ijobiy taraflari" … 40

"Tourism and it's pros and cons" … 42

"Gazetaning kelajaki" … 44

"Printed newspapers have no future" … 45

"Insonlarning xohishlari" … 46

"People's desires" … 48

"Bir kasbda qolish yoki o'zgartirish" … 50

"Staying in the same profession or changing" … 52

"Jamiyat yoshlar qo'lida" … 54

"Society is in the hands of young people" … 56

www.ingramcontent.com/pod-product-compliance
Lightning Source LLC
LaVergne TN
LVHW010616070526
838199LV00063BA/5166